心一堂術數古籍珍本叢刊

書名：《現代人相百面觀》《相人新法》合刊
系列：心一堂術數古籍珍本叢刊　相術類　第二輯　150
作者：【民國】吳道子輯
主編、責任編輯：陳劍聰
心一堂術數古籍珍本叢刊編校小組：陳劍聰　素聞　梁松盛　鄒偉才　虛白盧主

出版：心一堂有限公司
通訊地址：香港九龍旺角彌敦道六一〇號荷李活商業中心十八樓〇五－〇六室
深港讀者服務中心・中國深圳市羅湖區立新路六號羅湖商業大廈負一層〇〇八室
電話號碼：(852)67150840
網址：publish.sunyata.cc
電郵：sunyatabook@gmail.com
網店：http://book.sunyata.cc
淘寶店地址：https://shop210782774.taobao.com
微店地址：https://weidian.com/s/1212826297
臉書：https://www.facebook.com/sunyatabook
讀者論壇：http://bbs.sunyata.cc/

版次：二零一七年九月初版
平裝

定價：港幣　一百三十八元正
　　　新台幣　五百五十元正

國際書號：ISBN 978-988-8317-77-6

香港發行：香港聯合書刊物流有限公司
地址：香港新界大埔汀麗路36號中華商務印刷大廈3樓
電話號碼：(852)2150-2100
傳真號碼：(852)2407-3062
電郵：info@suplogistics.com.hk

台灣發行：秀威資訊科技股份有限公司
地址：台灣台北市內湖區瑞光路七十六巷六十五號一樓
電話號碼：+886-2-2796-3638
傳真號碼：+886-2-2796-1377
網絡書店：www.bodbooks.com.tw
台灣國家書店讀者服務中心：
地址：台灣台北市中山區松江路二〇九號一樓
電話號碼：+886-2-2518-0207
傳真號碼：+886-2-2518-0778
網絡書店：http://www.govbooks.com.tw

中國大陸發行　零售：深圳心一堂文化傳播有限公司
深圳地址：深圳市羅湖區立新路六號羅湖商業大廈負一層〇〇八室
電話號碼：(86)0755-82224934

心一堂微店二維碼

心一堂淘寶店二維碼

心一堂術數古籍 珍本 整理 叢刊 總序

術數定義

術數，大概可謂以「推算（推演）、預測人（個人、群體、國家等）、事、物、自然現象、時間、空間方位等規律及氣數，並或通過種種『方術』，從而達致趨吉避凶或某種特定目的」之知識體系和方法。

術數類別

我國術數的內容類別，歷代不盡相同，例如《漢書・藝文志》中載，漢代術數有六類：天文、曆譜、五行、蓍龜、雜占、形法。至清代《四庫全書》，術數類則有：數學、占候、相宅相墓、占卜、命書、相書、陰陽五行、雜技術等，其他如《後漢書・方術部》、《藝文類聚・方術部》、《太平御覽・方術部》等，對於術數的分類，皆有差異。古代多把天文、曆譜、及部分數學均歸入術數類，而民間流行亦視傳統醫學作為術數的一環；此外，有些術數與宗教中的方術亦往往難以分開。現代民間則常將各種術數歸納為五大類別：命、卜、相、醫、山，通稱「五術」。

本叢刊在《四庫全書》的分類基礎上，將術數分為九大類別：占筮、星命、相術、堪輿、選擇、三式、讖諱、理數（陰陽五行）、雜術（其他）。而未收天文、曆譜、算術、宗教方術、醫學。

術數思想與發展——從術到學，乃至合道

我國術數是由上古的占星、卜筮、形法等術發展下來的。其中卜筮之術，是歷經夏商周三代而通過「龜卜、蓍筮」得出卜（筮）辭的一種預測（吉凶成敗）術，之後歸納並結集成書，此即現傳之《易

經》。經過春秋戰國至秦漢之際，受到當時諸子百家的影響、儒家的推崇，遂有《易傳》等的出現，原本是卜筮術書的《易經》，被提升及解讀成有包涵「天地之道（理）」之學。因此，《易·繫辭傳》曰：「易與天地準，故能彌綸天地之道。」

漢代以後，易學中的陰陽學說，與五行、九宮、干支、氣運、災變、律曆、卦氣、讖緯、天人感應說等相結合，形成易學中象數系統。而其他原與《易經》本來沒有關係的術數，如占星、形法、選擇，亦漸漸以易理（象數學說）為依歸。《四庫全書·易類小序》云：「術數之興，多在秦漢以後。要其旨，不出乎陰陽五行，生尅制化。實皆《易》之支派，傅以雜說耳。」至此，術數可謂已由「術」發展成「學」。

及至宋代，術數理論與理學中的河圖洛書、太極圖、邵雍先天之學及皇極經世等學說給合，通過術數以演繹理學中「天地中有一太極，萬物中各有一太極」（《朱子語類》）的思想。術數理論不單已發展至十分成熟，而且也從其學理中衍生一些新的方法或理論，如《梅花易數》、《河洛理數》等。

在傳統上，術數功能往往不止於僅僅作為趨吉避凶的方術，及「能彌綸天地之道」的學問，亦有其「修心養性」的功能，「與道合一」（修道）的內涵。《素問·上古天真論》：「上古之人，其知道者，法於陰陽，和於術數。」數之意義，不單是外在的算數、歷數、氣數，而是與理學中同等的「道」、「理」--心性的功能，北宋理氣家邵雍對此多有發揮：「聖人之心，是亦數也」、「萬化萬事生乎心」、「心為太極」。《觀物外篇》：「先天之學，心法也。……蓋天地萬物之理，盡在其中矣，心一而不分，則能應萬物。」反過來說，宋代的術數理論，受到當時理學、佛道及宋易影響，認為心性本質上是等同天地之太極。天地萬物氣數規律，能通過內觀自心而有所感知，即是內心也已具備有術數的推演及預測、感知能力；相傳是邵雍所創之《梅花易數》，便是在這樣的背景下誕生。

《易·文言傳》已有「積善之家，必有餘慶；積不善之家，必有餘殃」之說，至漢代流行的災變說及讖緯說，我國數千年來都認為天災，異常天象（自然現象），皆與一國或一地的施政者失德有關；下至家族、個人之盛衰，也都與一族一人之德行修養有關。因此，我國術數中除了吉凶盛衰理數之外，人心的德行修養，也是趨吉避凶的一個關鍵因素。

術數與宗教、修道

在這種思想之下，我國術數不單只是附屬於巫術或宗教行為的方術，又往往是一種宗教的修煉手段--通過術數，以知陰陽，乃至合陰陽（道）。「其知道者，法於陰陽，和於術數。」例如，「奇門遁甲」術中，即分為「術奇門」與「法奇門」兩大類。「法奇門」中有大量道教中符籙、手印、存想、內煉的內容，是道教內丹外法的一種重要外法修煉體系。甚至在雷法一系的修煉上，亦大量應用了術數內容。此外，相術、堪輿術中也有修煉望氣（氣的形狀、顏色）的方法；堪輿家除了選擇陰陽宅之吉凶外，也有道教中選擇適合修道環境（法、財、侶、地中的地）的方法，以至通過堪輿術觀察天地山川陰陽之氣，亦成為領悟陰陽金丹大道的一途。

易學體系以外的術數與的少數民族的術數

我國術數中，也有不用或不全用易理作為其理論依據的，如揚雄的《太玄》、司馬光的《潛虛》。也有一些占卜法、雜術不屬於《易經》系統，不過對後世影響較少而已。

外來宗教及少數民族中也有不少雖受漢文化影響（如陰陽、五行、二十八宿等學說。）但仍自成系統的術數，如古代的西夏、突厥、吐魯番等占卜及星占術，藏族中有多種藏傳佛教占卜術、苯教占卜術、擇吉術、推命術、相術等；北方少數民族有薩滿教占卜術；不少少數民族如水族、白族、布朗族、佤族、彝族、苗族等，皆有占雞（卦）草卜、雞蛋卜等術，納西族的占星術、占卜術，彝族畢摩的推命術、占卜術……等等，都是屬於《易經》體系以外的術數。相對上，外國傳入的術數以及其理論，對我國術數影響更大。

曆法、推步術與外來術數的影響

我國的術數與曆法的關係非常緊密。早期的術數中，很多是利用星宿或星宿組合的位置（如某星在某州或某宮某度）付予某種吉凶意義，并據之以推演，例如歲星（木星）、月將（某月太陽所躔之宮次）等。不過，由於不同的古代曆法推步的誤差及歲差的問題，若干年後，其術數所用之星辰的位置，已與真實星辰的位置不一樣了；此如歲星（木星），早期的曆法及術數以十二年為一周期（以應地支），與木星真實周期十一點八六年，每幾十年便錯一宮。後來術家又設一「太歲」的假想星體來解決，是歲星運行的相反，週期亦剛好是十二年。而術數中的神煞，很多即是根據太歲的位置而定。又如六壬術中的「月將」，原是立春節氣後太陽躔娵訾之次而稱作「登明亥將」，至宋代，因歲差的關係，要到雨水節氣後太陽才躔娵訾之次，當時沈括提出了修正，但明清時六壬術中「月將」仍然沿用宋代沈括修正的起法沒有再修正。

由於以真實星象周期的推步術是非常繁複，而且古代星象推步術本身亦有不少誤差，大多數術數除依曆書保留了太陽（節氣）、太陰（月相）的簡單宮次計算外，漸漸形成根據干支、日月等的各自起例，以起出其他具有不同含義的眾多假想星象及神煞系統。唐宋以後，我國絕大部分術數都主要沿用這一系統，也出現了不少完全脫離真實星象的術數，如《子平術》、《紫微斗數》、《鐵版神數》等。後來就連一些利用真實星辰位置的術數，如《七政四餘術》及選擇法中的《天星選擇》，也已與假想星象及神煞混合而使用了。

隨着古代外國曆（推步）、術數的傳入，如唐代傳入的印度曆法及術數，元代傳入的回回曆等，其中我國占星術便吸收了印度占星術中羅睺星、計都星等而形成四餘星，又通過阿拉伯占星術而吸收了其中來自希臘、巴比倫占星術的黃道十二宮、四大（四元素）學說（地、水、火、風），並與我國傳統的二十八宿、五行說、神煞系統並存而形成《七政四餘術》。此外，一些術數中的北斗星名，不用我國傳統的星名：天樞、天璇、天璣、天權、玉衡、開陽、搖光，而是使用來自印度梵文所譯的：貪狼、巨門、祿存、文曲，廉貞、武曲、破軍等，此明顯是受到唐代從印度傳入的曆法及占星術所影響。如星命術中的《紫微斗數》及堪輿術中的《撼龍經》等文獻中，其星皆用印度譯名。及至清初《時憲曆》，置閏之法則改用西法「定氣」。清代以後的術數，又作過不少的調整。

此外，我國相術中的面相術、手相術，唐宋之際受印度相術影響頗大，至民國初年，又通過翻譯歐西、日本的相術書籍而大量吸收歐西相術的內容，形成了現代我國坊間流行的新式相術。

陰陽學——術數在古代、官方管理及外國的影響

術數在古代社會中一直扮演着一個非常重要的角色，影響層面不單只是某一階層、某一職業、某一年齡的人，而是上自帝王，下至普通百姓，從出生到死亡，不論是生活上的小事如洗髮、出行等，大事如建房、入伙、出兵等，從個人、家族以至國家，從天文、氣象、地理到人事、軍事，從民俗、學術到宗教，都離不開術數的應用。我國最晚在唐代開始，已把以上術數之學，稱作陰陽（學），行術數者稱陰陽人。（敦煌文書、斯四三二七唐《師師漫語話》：「以下說陰陽人謾語話」，此說法後來傳入日本，今日本人稱行術數者為「陰陽師」）。一直到了清末，欽天監中負責陰陽術數的官員中，以及民間術數之士，仍名陰陽生。

古代政府的中欽天監（司天監），除了負責天文、曆法、輿地之外，亦精通其他如星占、選擇、堪輿等術數，除在皇室人員及朝庭中應用外，也定期頒行日書、修定術數，使民間對於天文、日曆用事吉凶及使用其他術數時，有所依從。

我國古代政府對官方及民間陰陽學及陰陽官員，從其內容、人員的選拔、培訓、認證、考核、律法監管等，都有制度。至明清兩代，其制度更為完善、嚴格。

宋代官學之中，課程中已有陰陽學及其考試的內容。（宋徽宗崇寧三年〔一一零四年〕崇寧算學令：「諸學生習……並曆算、三式、天文書。」「諸試……三式即射覆及預占三日陰陽風雨。天文即預

定一月或一季分野災祥，並以依經備草合問為通。」

金代司天臺，從民間「草澤人」（即民間習術數人士）考試選拔：「其試之制，以《宣明曆》試推步，及《婚書》、《地理新書》試合婚、安葬，並《易》筮法，六壬課、三命、五星之術。」（《金史》卷五十一・志第三十二・選舉一）

元代為進一步加強官方陰陽學對民間的影響、管理、控制及培育，除沿襲宋代、金代在司天監掌管陰陽學及中央的官學陰陽學課程之外，更在地方上增設陰陽學課程（《元史・選舉志一》：「世祖至元二十八年夏六月始置諸路陰陽學。」）地方上也設陰陽學教授員，培育及管轄地方陰陽人。（《元史・選舉志一》：「（元仁宗）延祐初，令陰陽人依儒醫例，於路、府、州設教授員，凡陰陽人皆管轄之，而上屬於太史焉。」）自此，民間的陰陽術士（陰陽人），被納入官方的管轄之下。

至明清兩代，陰陽學制度更為完善。中央欽天監掌管陰陽學，明代地方縣設陰陽學正術，各州設陰陽學典術，各縣設陰陽學訓術。陰陽人從地方陰陽學肄業或被選拔出來後，再送到欽天監考試。（《大明會典》卷二二三：「凡天下府州縣舉到陰陽人堪任正術等官者，俱從吏部送（欽天監），考中，送回選用；不中者發回原籍為民，原保官吏治罪。」）清代大致沿用明制，凡陰陽術數之流，悉歸中央欽天監及地方陰陽官員管理、培訓、認證。至今尚有「紹興府陰陽印」、「東光縣陰陽學記」等明代銅印，及某某縣某某之清代陰陽執照等傳世。

清代欽天監漏刻科對官員要求甚為嚴格。《大清會典》「國子監」規定：「凡算學之教，設肄業生。滿洲十有二人，蒙古、漢軍各六人，於各旗官學內考取。漢十有二人，於舉人、貢監生童內考取。附學生二十四人，由欽天監選送。教以天文演算法諸書，五年學業有成，舉人引見以欽天監博士用，貢監生童以天文生補用。」學生在官學肄業、貢監生肄業或考得舉人後，經過了五年對天文、算法、陰陽學的學習，其中精通陰陽術數者，會送往漏刻科。而在欽天監供職的官員，《大清會典則例》「欽天監」規定：「本監官生三年考核一次，術業精通者，保題升用。不及者，停其升轉，再加學習。如能黽勉供職，即予開復。仍不及者，降職一等，再令學習三年，能習熟者，准予開復，仍不能者，黜退。」除定期考核以定其升用降職外，《大清律例》中對陰陽術士不準確的推斷（妄言禍福）是要治罪的。《大清律例・一七八・術七・妄言禍福》：「凡陰陽術士，不許於大小文武官員之家妄言禍福，違者杖一百。其依經推算星命卜課，不在禁限。」大小文武官員延請的陰陽術士，自然是以欽天監漏刻科官員或地方陰陽官員為主。

官方陰陽學制度也影響鄰國如朝鮮、日本、越南等地，一直到了民國時期，鄰國仍然沿用着我國的多種術數。而我國的漢族術數，在古代甚至影響遍及西夏、突厥、吐蕃、阿拉伯、印度、東南亞諸國。

術數研究

術數在我國古代社會雖然影響深遠，「是傳統中國理念中的一門科學，從傳統的陰陽、五行、九宮、八卦、河圖、洛書等觀念作大自然的研究。……傳統中國的天文學、數學、煉丹術等，要到上世紀中葉始受世界學者肯定。可是，術數還未受到應得的注意。術數在傳統中國科技史、思想史，文化史、社會史，甚至軍事史都有一定的影響。……更進一步了解術數，我們將更能了解中國歷史的全貌。」（何丙郁《術數、天文與醫學中國科技史的新視野》，香港城市大學中國文化中心。）

可是術數至今一直不受正統學界所重視，加上術家藏秘自珍，又揚言天機不可洩漏，「（術數）乃吾國科學與哲學融貫而成一種學說，數千年來傳衍嬗變，或隱或現，全賴一二有心人為之繼續維繫，賴以不絕，其中確有學術上研究之價值，非徒癡人說夢，荒誕不經之謂也。其所以至今不能在科學中成立一種地位者，實有數因。蓋古代士大夫階級目醫卜星相為九流之學，多恥道之；而發明諸大師又故為惝恍迷離之辭，以待後人探索；間有一二賢者有所發明，亦秘莫如深，既恐洩天地之秘，復恐譏為旁門左道，始終不肯公開研究，成立一有系統說明之書籍，貽之後世。故居今日而欲研究此種學術，實一極困難之事。」（民國徐樂吾《子平真詮評註》，方重審序）

現存的術數古籍，除極少數是唐、宋、元的版本外，絕大多數是明、清兩代的版本。其內容也主要是明、清兩代流行的術數，唐宋或以前的術數及其書籍，大部分均已失傳，只能從史料記載、出土文獻、敦煌遺書中稍窺一鱗半爪。

術數版本

坊間術數古籍版本，大多是晚清書坊之翻刻本及民國書賈之重排本，其中豕亥魚魯，或任意增刪，往往文意全非，以至不能卒讀。現今不論是術數愛好者，還是民俗、史學、社會、文化、版本等學術研究者，要想得一常見術數書籍的善本、原版，已經非常困難，更遑論如稿本、鈔本、孤本等珍稀版本。在文獻不足及缺乏善本的情況下，要想對術數的源流、理法、及其影響，作全面深入的研究，幾不可能。

有見及此，本叢刊編校小組經多年努力及多方協助，在海內外搜羅了二十世紀六十年代以前漢文為主的術數類善本、珍本、鈔本、孤本、稿本、批校本等數百種，精選出其中最佳版本，分別輯入兩個系列：

一、心一堂術數古籍珍本叢刊

二、心一堂術數古籍整理叢刊

前者以最新數碼（數位）技術清理、修復珍本原本的版面，更正明顯的錯訛，部分善本更以原色彩色精印，務求更勝原本。并以每百多種珍本、一百二十冊為一輯，分輯出版，以饗讀者。

後者延請、稿約有關專家、學者，以善本、珍本等作底本，參以其他版本，古籍進行審定、校勘、注釋，務求打造一最善版本，方便現代人閱讀、理解、研究等之用。

限於編校小組的水平，版本選擇及考證、文字修正、提要內容等方面，恐有疏漏及舛誤之處，懇請方家不吝指正。

心一堂術數古籍 珍本/整理 叢刊編校小組

二零零九年七月序

二零一四年九月第三次修訂

序

傳有之曰。人心之不同。各如其面。可見天地之大。人類之衆。有一人。卽有一人之面相。若者為貴。若者為賤。若者為富。若者為窮。若者為壽。若者為夭。觀其面相之美醜。卽可知其心術之斜正。精風鑑者。按圖索驥。百不失一。惜乎坊間流傳之諸相書。類多江湖俗套。藉浮光掠影之談。以遂其欺世斂錢之計。致談相者無確實之左證。可勝痛哉。余足跡遍國中。交友滿天下。早歲設硯都門。相當世名公鉅卿。如前袁大總統。及王壬秋伍秩庸諸先生。直言談論。不爽累黍。近又搜得名相家雲遊子天涯過客輩評相之贊語。人無論男女。相無論善惡。無不談言微中。明察秋毫。約而計之。得百人焉。爰特編輯成書。卽命名曰人相百面觀。自是書印行後。凡人欲知命之窮通。壽之修短。以及交友用人之際。某也忠厚。某也刻薄。某也慈善。某也凶惡。皆能一目了然。斷不致善惡莫辨。而受人之害也。至於貧賤夭壽等相。雖亦得之天授。無可奈何。然而俗諺有云。修心可以補相。人苟不甘於貧賤夭壽。竭力修德。亦未始不可補救於萬一。則是書也。豈僅為相人之妙諦。其於世道人心。為功尤莫大焉。

癸亥仲夏端陽前三日平江吳道子序上春申客次

現代人相百面觀目次

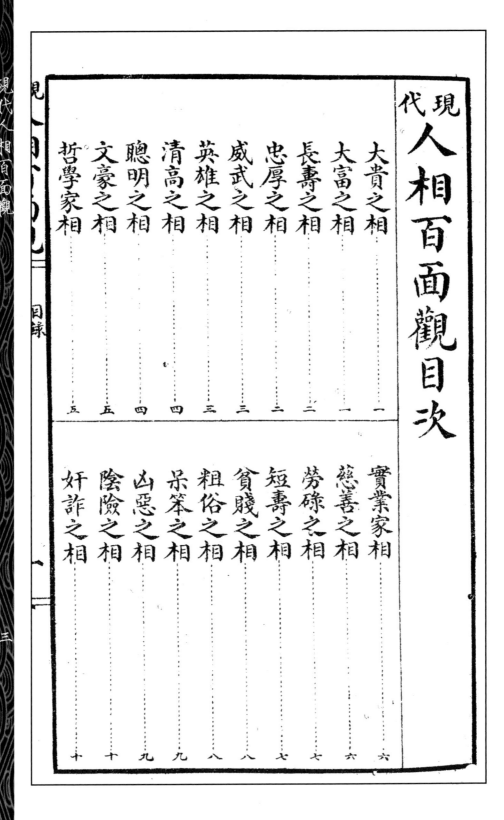

大貴之相

四水流通。明珠入海。目如豪鷹搏兔。頭上有骨嶙峋。而且兩耳大。口鼻正。的是王者之相。惜乎眉間殺氣太重。以致帝王事業。功敗垂成。迄今過新華宮外。猶想見洪憲皇帝不止也。

吳道子評

鼻骨連天。顴骨連眉。兩目有威。五岳朝拱。此為三才生合之局。雖不大富。必定大貴。所以前為三朝元老。後為全國元首。至其器度端凝。品格清高。尤非庸眾所能及。故當總理萬幾之暇。又有晚晴簃之雅興也。

吳道子評

大富之相

天庭飽滿。地角豐盈。鼻準圓肥。面如冠玉。雖不能得九五之尊。然相去僅一間耳。是相主福祿綿綿。位極人臣。所以在洪憲時代。勢傾中外。在東海時代。端居揆席。而國人皆以財神目之。 吳道子評

額寬眉長。耳大貼肉。鼻如懸膽。聲若洪鐘。而且內府有骨平滿。（見相術奇書第三章頭無惡骨節）故雖不得王侯之尊。而其資財之富。已足傾動一時。（新申報五月二日載袁有財產三千萬） 吳道子評

長壽之相

自頂至踵。毫無俗骨。鼻梁正直。兩目光明。至其鬚眉之朗朗清潤。尤足徵壽者之相。此老風流俊逸。無殊裘馬少年。故三湘七澤間。語及周媽軼事者。無不資為美談云。

吳道子評

頭圓神定。耳厚眉長。是矍爍翁壽屆期頤。雄心未死。講求素食之談。發明靈魂之學。可見其獲壽之徵。有由來也。不料元帥府炮聲震驚。心膽俱碎。遂使上壽不死之說。無由實驗。當躬。惜哉。

吳道子評

忠厚之相

耳輪高過眉角。印堂有痣十全。兩眉高且長目光帶威嚴。忠心愛國無私。厚德載福綿綿。為一國之元首而具此慈善之相。所以人稱之為黎菩薩焉。

天涯過客評

天庭高。人中長。眉有伏彩。眼有真光。位列將相。忽隱忽現。情願人負我。不願我負人。此所以在北洋軍閥派中。而有王龍之美譽。惜存心過於忠厚。執兵權而無生殺之威嚴也。

雲遊子評

威武之相

虎頭燕頷。方面大耳。兩目神藏而全。鬚髯八字分明。是為三多之相。所以威鎮直魯豫三省。執北洋派之牛耳。至其肩背豐隆。胸腰平濶。尤足證其前程之未可限量。繼菩薩而登蓮座。吾將拭目以俟之。

一塵子評

高瞻遠矚。虎步龍行。目光炯炯。聲音宏壯。其一生行運。尤在顴插天庭。顴者。權也。凡人年至四十六七行顴運。直皖直奉兩役。將軍正當其時。此所以威鎮中原。無往而不利也。

半狂評

英雄之相

目秀眉清。口方鼻正。兩耳有輪有廓。唇舌紋理如花。是為北人南相。東三省靈秀之氣。盡鍾於此。所以貴為巡閱。駸駸乎有陵駕關中之勢。雖一時稍有波折。未可以為英雄之末路。而懸為定論焉。

半狂評

頭頂方正。面部豐腴。長眉鳳目。聲宏氣壯。英雄固自不凡。當此強壯之年。而能坐鎮滇南。不為勢屈。知其前程遠大。固不僅眼前之富貴。可以限定其終身也。

煙霞客評

清高之相

眉描秀色。目涵英精。自上頂至於下頦。無絲毫濁氣。所以於書無不窺。於字無不明。名聞中外。學貫古今。真不愧當世之聖人。惜乎印堂下一部。稍欠開展。故中年不無顛沛耳。

清道人評

精神矍爍。器宇宏深。雙眉過目。兩耳插鬢。骨格清癯如鶴。鬚髯滋潤分明。論其相則貴至二品。論其福則清靜終身。所以遜清既亡。即不見公之蹤跡於吳門。

清道人評

聰明之相

眉目清秀。骨格崢嶸。早年得志。思想獨新。惜印堂下氣色略暗。故常有顛覆之虞。然否去泰來。為期正不遠也。

半狂評

頭有峻骨。兩眉疏朗。故其思想新穎。與常人特異。但地角似欠豐隆。以致屢仆屢起。未能一帆風順也。

天涯過客評

新月眉。秋波眼。男子得之。聰明非凡。雖一曲霓裳。現身舞臺。其品格不甚高超。而論此相之福澤。固不亞於當世之名公鉅卿。無怪有周郎癖者之低首下心也。

雲遊子評

文豪之相

鼻如懸膽。口可容拳。惜乎滿面都是牢騷氣。故雖一肚皮經濟文章。只落得以文豪名當世。未獲享富貴榮華。終其身於仕途也。然而若先生者。亦足以自豪矣。

一塵子評

目光清明。眉根疏朗。印堂色澤秀潤。望而知為能詩能文之豪客。至於膚如凝脂。唇如丹砂。尤足證其清高之貴相也。

終南山人評

唇紅口方。色氣清潤有光采。是為聰明伶俐之相。不為詩壇健將。定是文場鉅子。

煙霞客評

哲學家相

眉清目秀。耳大口方。頂髮黑而且潤。彙新舊學說於一胸。所以能發為新思想。著為大文章。使當年莘莘學子。咸崇拜飲冰室文集而弗替。

雲遊子評

額方而濶。髮禿而潤。先生理想高人一等。恨語言之不統一。提倡國音以作教本。舍此哲學大家誰克有此絕大之學問。

雲遊子評

實業家相

雙目神清。耳大貼肉。鬚眉翠秀。氣色鮮明。雖年逾古稀。而精神依然矍爍。不為名誘。不為勢屈。具大魁之相。而闢農工之利。此所以國人咸稱為實業家也。

天台居士評

面方鼻正。口寬耳厚。處世則和而且平。辦事則勤而且慎。觀其相貌之豐隆。即知其創業之宏遠。具堅忍之心而收鉅大之利。中國惟一之實業家。舍君其誰。

天台居士評

慈善之相

五官寬展。雙目生光。精神煥發。相貌堂皇。滿肚皮慈悲。一面孔和氣。故能以貧賤之夫。一躍而為大慈善家。如先生者。當世能有幾人。

樵子評

一雙目。富精神。開展眉宇。寬大耳輪。作微賤業。具菩提心。臨終遺囑子與孫。捐金培植士林。至今銅像巍巍。咸識當年之大慈善人。

樵子評

面團團如圓月。身昂昂若喬松。樂善好施。毫無倦容。迄今過紅十字會。令人瞻仰遺型。猶想像當年之沈公。

煙霞客評

勞碌之相

眉有伏彩。鼻若截筒。兩耳貼肉。雙目有神。此相雖不大富。必定大貴。惟額上有紋如交鎖狀。（見相術奇書第十八章紋定心緒節）所以一生勞碌。四海奔波。難得安閒之日也。

天涯過客評

臥蠶眉。菱角嘴。鼻大且正。鬚分八字。大丈夫得意之相。不過如是。惜乎腿長頸瘦。下停獨長。以致終歲歷碌。僕僕風塵。是豈命為之哉。蓋亦相使之然也。故與其謂之勞碌命。毋寧謂之勞碌相。

一塵子評

短壽之相

鼻如懸膽。耳有輪廓。相貌威武。精神滿足。惜乎地角太瘦削。嘴唇太澆薄。故論其相則貴至公侯。論其年則定然不祿。嗚呼蔡公。吾欲一哭。

半狂評

鐵面銀牙。髮潤且黑。是為大貴之相。惜耳有輪而嫌薄。目有光而少神。故就相論相。不失侯伯之尊。而察其態度。觀其氣色。定與顏子相伯仲也。

一塵子評

貧賤之相

眉短目小。唇薄舌尖。此君在年幼之時。衣錦繡而食膏粱。享盡祖宗餘蔭。那知榮華半世。一去不回。目前之貧且賤者。早由相中安排定妥。固非無由而至也。

非非道人評

眉目頻蹙。口齒不齊。鬢髮蓬鬆。面孔瘦削。兼之內有一副窮骨頭。故雖衣以輕裘。反不如敝衣之暖。食以珍羞。反不如粗糲之飽。圖中面目。即此賤丈夫之一也。

終南山人評

粗俗之相

頭有俗骨。胸無點墨。市儈為伍。江湖遊業之無不識一字。而亦自附於風雅之列。若此君者。真不知羞耻為何物。

雲遊子評

臂粗拳大。眉濃口濶。自項至踵。無半寸雅骨。望而知為傖夫俗子。所幸心地坦白。性情戇直。與之交好。合則頸項可割。不合則一言決絕。若陌路之不相識。

一塵子評

呆笨之相

眼光停頓。嘴唇厚腫。面皮板滯無活色。語言應答不合拍。見人不知好歹。遇事毫無決斷。以致聽信邪言。演出逆倫大案。嗚呼欣生。爾真呆如木雞。笨如老牛也。

非非道人評

鼻梁低塌。耳輪狹小。目光凝滯。言語執一。任嬌妻之播弄。看姦夫之出入。迨至醜聲外揚。猶不知覺。反執途人而告之曰。是乃吾之妻舅。俗所稱呆大女壻。若賡生者。庶幾近之。

半狂評

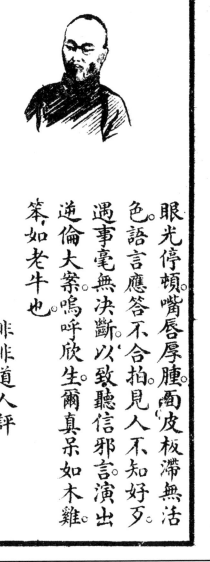

凶惡之相

皮肉板滯。顏色鐵青。目光直射而斜視。嘴唇高聳而尖起。鼻中常帶呵氣。眉間時露怒容。凡具此等凶惡之相者。非刼人之財。即傷人之命。所以車至麥田之中。彼姝雖連喚親哥哥。曾不足動他一點慈善之心也。

半狂評

目光怒閃。耳輪扁削。言語則聲音短急。嬉笑則纔放即束。此等凶人。心地齷齪。不知天地為何物。不受父母之教育。故敢無法無天。演出殺娘之慘史而莫贖。

非非道人評

陰險之相

兩目下視。耳無輪廓。存心陰刻。作事險毒。不顧他人性命。祇圖一己利祿。此等小人。防不勝防。惟有加以刑戮。非然者。何以慰宋先生之英魂於地下。

天台居士評

兩眉骨凹。雙目神流。心腸則毒如蛇蝎。言語則甜如砒礵。待人接物。處處謙和。實則笑裏藏刀。無往而不以毒藥害人。觀於張欣生之藥死親爹。亦可恍然於此等人之不可親近也。

非非道人評

奸詐之相

漂白眼。鷹嘴鼻。一面孔仁義道德。滿肚皮奸淫盜邪。自來臣欺君。奴欺主者。盡屬此輩。故凡用影友。僱僕役。皆宜先察其面貌。否則未有不受其害也。

終南山人評

雙目偷視。兩耳招風。嘴唇薄。舌頭尖。凡具此等相者。非貪財之鄙夫。即不法之小人。彼朱潮生者。亦此中一份子。所以開賭賣煙。無所不為。卒因詐財起見。遂致身罹法網。豈不快哉。

非非道人評

刁滑之相

口扁濶。唇澆薄。面孔常作鷺鷥笑。聲類鵝鳥怪叫。此等刁澆油滑之徒。工心計。多智謀。專門助人為惡。不謂天道昭彰。報施不爽。此日幫閻瑞生而死蓮英。他日即因蓮英而與閻瑞生同死也。

煙霞客評

眼光直射而斜視。嘴唇高聳而尖起。帮兇是其特長。避禍是其慣技。此所以西炮台下。有閻瑞生與吳春芳之頭顱。而不見他之蹤跡。嗚呼。蓮英有知。雖死而定不瞑目也。

糊塗人評

孤獨之相

顴骨巃聳。耳輪瘦削。論心地則狹窄異常。觀氣度則拘束不堪。偶爾入其庭闈。灑埽不僅一回。假使污其衣服。怨罵何止千聲。此等孤相之結果。親戚必疏。兒女必少。故在相書必連綴一獨字。而曰孤獨之相。

半狂評

面龐消瘦。色澤青白。眉梢倒挂而且細長。目光斜睨而不正視。見嬌妻在旁。則避之若浼。聞小兒啼哭。則恨之欲死。凡有此等相者。可斷定其無交好之友。而與世故人情不合也。

雲遊子評

輕薄之相

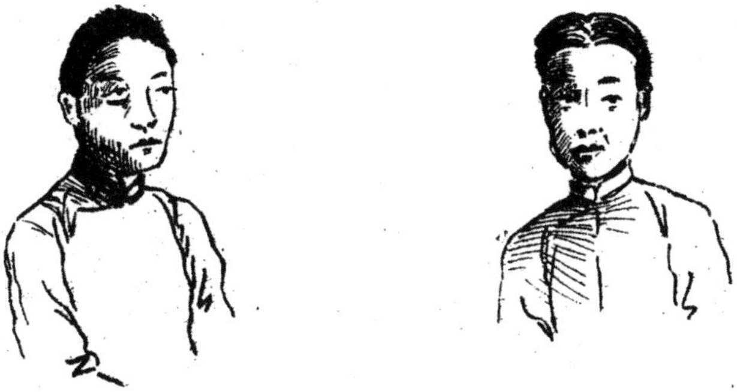

目光流動。鼻尖瘦削。貌若清秀。實則輕薄。觀其舉止則浮動而不鎮靜。聽其聲音則鬆脆而帶急速。論此相之結局。非促短年齡。即傾喪家財。諺曰。修心可以補相。凡有輕薄相者。急宜自修之。

雲遊子評

耳輪直聳。口盤偏狹。行步則顛放而兼奔馳。閒坐則搖擺而無定向。人若具有此相。則目前之榮華不可恃。將來之長壽更難期。此所以一般浮薄少年。每有喪身敗家之憂也。

樵子評

敗家之相

臉瘦骨削。髮低額凸。眉毛稀而倒拖。鼻尖小而肉薄。凡具此等相者。雖有萬貫家財。必至寸草不留。觀夫楊寶寶之揮霍淨盡。即可為敗家相之鐵證也。　非非道人評

顴骨低平。眼梢挂下。耳輪則狹小如鼠。鼻尖則平塌起溝。有此種種現相。其結局必蕩產傾家而無疑。故富貴之家。苟見子弟有此等相者。宜加意防閑之。　天台居士評

多病之相

眉毛稀疏。目光昏散。身肥轉瘦。耳輪上吊。額端有灰黑色。凡具此等相者。小病去則大病來。大病愈則小病生。終日終夜。經年經月。常呻吟病榻之上。與藥鑪為伴侶。更何樂趣之可言。

天涯過客評

面色昏沉。眉心顰蹙。額尖亂紋堆積。耳輪色澤乾枯。凡為疾病所糾纏者。必有此種種現相。故人在平時。觀察自己之顏色。即可斷身體之有病與無病。不必經醫者之診候而始知也。

一塵子評

多子之相

額圓正而肉厚。髮稀疏而皮清。目光慈善。耳輪厚大。至其出言吐語。聲音又朗朗可聽。人若具有此相。即可為多子之證。此馮海珊之所以有十八子。而為世人所豔羨也。

樵子評

兩腮豐潤。雙耳長大。鼻正無少偏倚。眉長高插入鬢。無論富貴貧賤。男子有之則為多子之相。女子有之卽為宜男之相。欲卜子孫之多寡者。不必推算命理。觀於此而便知。

半狂評

無子之相

顴高無眉。人中淺短。頭尖額削。目陷鼻凹。凡年老無子之輩。大都具有此等面相。乃天命之所付定。非人力所能挽回。世之無子而妄想求子者。觀於此而亦可恍然悟矣。

閒鷗子評

頭大面尖。眉疏目陷。鼻尖高似孤峯。人中上有橫紋。凡具此等相者。亦為無子之鐵證。至面上有暗金紋一二條者。則尅一二子。（見相術奇書二十七章無子相節）與無子者有別。

煙霞客評

破財之相

滿面青暗。鼻孔仰露。目光無端昏沉。口角流沫不自知。至於行步則疾徐失次。若有物絆之而傾跌者。此皆破財之敗相。見人有此宜勸其努力修心。自己有之。則當竭力行善。或可幸免於萬一耳。

糊塗人評

面色晦黃。四肢肉顫。額上陡起烏光。如晴天忽現黑雲。有此種種現象。非特破財而已。且有死亡之慘。惟人定可以勝天。若能按部就班。逆來順受。或可趨吉避凶。轉禍為福耳。

終南山人評

遇禍之相

眉如烏雲。目似秋水。天倉豐滿。鼻部隆準。發音響如洪鐘。舉止重若泰山。具此奇格。必能一鳴驚人。手創鉅業。惜乎下頦如削。肉現橫紋。故中年遭禍。以身殉職。萬難幸免也。

半狂評

額角滿布黑氣。鼻觀忽起紅斑。夜中驚跳。且多囈語。人若有此現狀。不出一月。必有匪夷所思之禍。樂於被誣之前一星期。諸象畢現。惜彼不知趨避之術耳。

非非道人評

遭訟之相

眉宇開朗。精神滿足。鼻似懸膽而中正。耳似旋輪而廓輻。此固顯者之相也。惜乎印堂忽青。天庭驟黑。故雖以國務員之尊榮。而亦難免嘗鐵窗之風味。嗚呼。相固可忽乎哉。

閒鷗子評

天庭寬大。有光明磊落之氣。地角豐盈。有珠圓玉潤之色。兩耳長大而輪肥。雙目炯炯而神足。此本顯宦鉅商之相。惜乎眉心緊湊。皮肉繃澀。加以山根印堂皺紋•如織。故縲絏之禍。起自意外。可知一生榮辱。厥相有定也。

糊塗人評

剋妻之相

羅漢相。判官形。山根枯陷。眉壓奸門。面色灰敗沉滯。額上忽起亂紋。有是種種敗象。定為斷絃之兆。故妻室有病。欲卜病者之生死。但觀己之氣色便知。

樵子評

面肉輕浮。顴骨凸露。奸門紋侵。魚尾低陷。而且山根有橫紋或痣。皆為剋妻之兆。紋與痣愈多。則剋妻亦愈多。此乃一定不易之理。無法可以幸免者也。

天台居士評

貴婦之相

顴骨平正不露。鬢髮烏潤而長。加以靈秀之目。高厚之耳。凡婦女具此等相者。則知其因夫而貴也。近時如黎大總統之夫人黎本危女士。即具此相之一。故當黎大總統結褵之日。人即知其他日之必貴。

吳道子評

眉秀目清。唇紅齒白。人中則長而分明。下頦則寬而飽滿。凡具此等相之婦女。則知其因子而貴也。前年有人往津祝靳太夫人之壽。見其相貌如此。始信貴婦之相。固有異於尋常婦女也。

吳道子評

節婦之相

額圓正。目清澈。面呈氷霜之氣。手似乾薑之狀。與人言則不露歡容。獨居時則常帶憂色。凡具此等節婦相者。無論年之老少。家之貧富。一旦痛失所天。未有不含苦茹辛。如徐太夫人之形管揚芬也。

雲遊子評

眉毛疏朗。鼻尖圓正。兩耳豐厚柔軟。雙目黑白分明。婦女而具此種相者。雖在妙齡之時。亦能操氷霜之節。終其身不懷二志。觀於周女士之年輕守節。卽知相法之鑿鑿可據也。

雲遊子評

貞女之相

額圓髮潤。眉長目清。面孔嬌而有威。耳輪白而且長。至於言笑之時。絲毫不露牙齒。是為貞女之相。不論家道之貧賤富貴。苟女子而具有此相。卽知重倫理。寶聲譽。不肯貪一時之快樂。而喪終身之貞節也。

半狂評

目澄澈而不斜視。鼻圓正而不露孔。出語聞清脆之音。行步無匆忙之態。凡此種種。亦為貞女獨具之相。欲知女子之貞不貞。不必細細他求。觀於此而便瞭然矣。

天台居士評

烈女之相

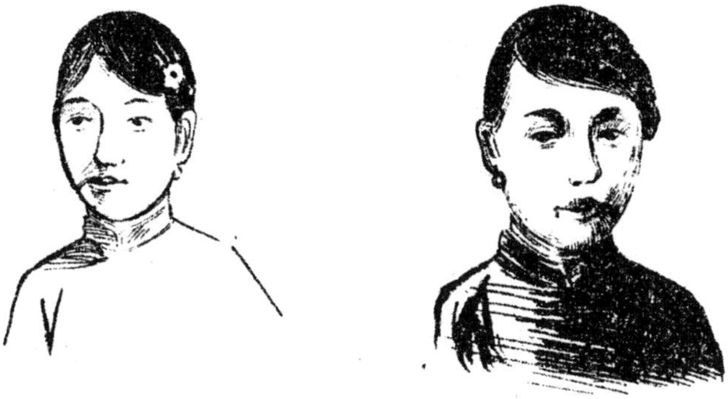

兩眉濃厚。雙目分明。額廣而色青。口濶而音脆。有激烈之狀。無嬌柔之態。是名烈女之相。女子具此相者。凜凜然不可犯其一毛。犯則有死而已。不知其他。此席上珍之所以縊死於商報館也。

非非道人評

顴骨高。鬢髮烏。目光青而神散。鼻尖正而不偏。至於兩眉之間。尤露英爽之氣。凡遇此等女子。一望而知其性情激烈者。所以好色之徒。不敢貿然親近也。

一麈子評

英雌之相

卧蠶眉。黃龍眼。耳輪瘦削清高。鼻尖潤大圓潤。聽其言語。鋒利無比。觀其行步。迅速異常。凡具此相之婦女。必不甘屈伏男子之下。合則相倚相偎。不合則如棄如遺。在書上無以名之。祇得名曰英雌之相。

天涯過客評

耳輪貼肉。眼梢入鬢。鼻頭兩孔朝內。嘴唇兩角向上。男子而遇此等婦女。無不望而生畏。此其國務員。所以被唐女士掌頰三聲。而不敢與之抵抗也。

天涯過客評

妖姬之相

桃花眼。柳葉眉。面滑如油。至老不皺。齒白如玉。至老不缺。雖年逾知命。而一曲清歌。猶能響遏雲霄。此所以三河少年。咸願拜倒於石榴裙下。由他一嫁再嫁。至於三四嫁而不已也。

終南山人評

皮白如粉。肉軟似棉。兩耳輪小。雙目光浮。至其思想之新奇。舉動之怪僻。尤為尋常男子所不及。所以立鏡之黨。引惑一般少婦閨女。此等婦人面上定有一種妖氣。吾故名曰妖姬之相。

一塵子評

蕩婦之相

面似桃花。頭偏額窄。眉濃而梢短。目斜而光露。論其上體。則乳頭朝下。論其下體。則腿上多毛。此等婦女。雖生長富貴之家。而其性情未有不淫蕩者。觀狀元夫人賽金花之歷史。卽知相法之曲切不移也。

非非道人評

面肉浮。心腸毒。眼角低。嘴唇白。未言先笑。欲笑掩唇。行立作偏斜之勢。見人無莊重之容。此種種賤相有一於身。已可決其非正經之婦女。而況如彼婦之兼此數者而有之耶。

終南山人評

潑婦之相

柳眉倒豎。紅眼圓睜。顴粗而橫。耳薄而小。一望而知是潑辣貨也。具此相者。主女掌男權。有牝雞司晨之象。然而陰盛陽衰。究與家門不利。故大家閨婦。宜引以為戒。

半狂評

鬢髮濃重。頭顱圓突。目光閃閃。精神奕奕。此相雖則潑悍。然前生定有根基。惜乎兩顴高聳。鼻旁之夫壻穴有白粉痕。故每每因爭權奪寵。與夫主積不相能。以致伉儷情疏。生育即由是而少也。—

樵子評

妬婦之相

眉痕粗黑。眼珠爆露。察其面貌。即知其心火必旺。且胸部高聳。氣不能平。嫉妬之心。不期然而自生。婦女具此相者。不論處妻妾妯娌之間。無往而不意氣用事。爭風吃醋也。

閒鷗子評

五官三停。局部端正。惜乎皮色黃而且瘦。是謂木形金局。木宜條直。則材用自廣。若縷橫卷曲。則成器自小。故婦女而具此相。其量必狹。處處必生妬忌之心。

樵子評

幫夫之相

眉軟如蛾。目秀似鳳。鼻端骨肉停勻。對面不見鼻孔。婦女有此相者。其性情必溫和靜良。將來嫁得如意郎君。必能帮夫到老。且下停分外雄厚。時發紅光。則晚年夫婦齊眉。歡樂可知。

清道人評

兩眉疏朗輕清。雙目活潑靈秀。兼之地閣豐滿。手掌背厚。是相主夫婦二人同心合力。到老齊眉。故婦女具此相者。無不克勤克儉。得夫倡婦隨之樂也。

糊塗人評

剋夫之相

眉心皺而蹙。嘴唇厚而蹺。耳反無輪。鼻內生毛。而且面長顴凸。骨起腮高。此等面相。偶有其一。即足以剋夫而有餘。如兼此數者。則必連剋數夫而不已也。

一塵子評

眼皮如魚泡。殺夫弗用刀。斯言也。不啻為寶珠寫照。剔其面貌。不特此一端為剋夫之相。如額則高而長。顴則粗而橫。面無笑容。音類男聲。凡此數者。皆為剋夫之確證。令人不難望而知之也。

雲遊子評

薄命之相

眉梢向上。心直口快。歡裏藏憂。笑中帶哭。此等面相。雖則出身閥閱之家。然必墜落煙花。即使幸遇知己。拔出火坑終如曇花之一現。難望偕老於百年。此所以古人有紅顏薄命之歎。

雲遊子評

豐頤厚頰。齒白唇紅。統部骨肉停勻。確是富貴兼全之相。惜乎鼻柱左偏。故而夫有三妻四妾。不能獨立居中。兼之眉梢插額。所以雖遇貴人護持。不旋踵而重墜風塵也。

終南山人評

橫死之相

雙眉斷角。兩目光滯。耳輪薄小。口角下垂。而且面內有紋帶橫。婦女具此面貌。即不橫死。亦必夭死。何怪乎閻瑞生之見財起意。勒死於麥田中哉。

非非道人評

滿面起黑光。四肢肉忽顫。眉毛無端脫落。雙目日夜跳動。諸如此類。有一於身。即知為橫死之現象。老五當羅炳生蹈海之後。諸相畢具。宜其以烏芙蓉一盒。了此一縷香魂。而歸離恨天上也。

天台居士評

中華民國十二年七月出版

現代人相百面觀 全一冊 定價洋三角

決斷終身相術奇書 全二冊 定價洋六角

編輯者 平江吳道子

印刷者 世界書局

發行者 世界書局

印刷所 上海閘北虬江路 世界書局

總發行所 上海四馬路紅屋 世界書局

分發行所 北京 漢口 太原 廣州 奉天 長沙 世界書局

相人新法目錄

相人新法

◎總論

凡人心之邪正。人事之善惡。皆原始於思想。思想發於腦。必經血氣傳道。而後發言行事。其傳道之順序。必先自容貌而及於四肢。無論過去現在未來之思想。於其人之五官皆有特證表現。昭然無可隱諱。故人相術於刑事上有密且之關係。爲近世刑法家必需之科學也。東方學者。據容貌氣色。以心理論斷人事之吉凶禍福。西方學者。驗頭骨及五官形狀。以斷人類之智能性癖。二者各本經驗。各持理由。當會其通而觀察之。庶幾適用於刑事也。

歐西骨相家據生理解剖之學。知腦爲精神之府。因驗頭骨以察其腦中之精神作用。蓋顏面筋肉。受精神作用之影響。容貌遂生變化。東方學者所謂人心不同。各殊其面。理相符也。夫人相之類多矣。有伶俐相。有凶惡相。有福澤相。有愚蠢相。

有善吉相，有孤苦相，固人各不同，而獨孩提之童。容貌皆活潑可愛。造軀體成長。則漸漸變化。或柔和。或獰獰。或愁苦。或乖巧。千變萬化。無奇不有。此何以故。蓋以小兒之心清淨。無惡念。亦無憂慮。及其成人。漸積生活上種種之經驗。勞其筋骨。苦其心志。受外來界喜怒哀樂之感觸。其結果。遂以顏面筋肉之感應作用。而時變其容貌。故少壯之人。猶且鮮見童顏。晚年者。更無論矣。此即精神心理之變化。影響於容貌之明證也。

根據精神心理變化容貌之理由。就居心不良者而觀。無論其所慮惡事。已否實行。及已達目的與否。種種處心積慮。於其天然之良心上。必感受痛苦。世人但知盜賊劫取他人之金物。供己之豪遊揮霍。絕不勞心。而精神常覺愉快。殊不知盜賊用心之苦。有十百倍於恆人者。當其惡謀之始。必先計劃種種盜竊入手之法。斯時已萌防捕懼罪之恐怖思想。迨既實行盜竊。幸而達其目的。則贓品之如何**處分。罪跡之如何隱飾。己身之如何避匿。其精神思想。必同時大亂。憂懼交集。設**

使不幸而案破被捕則必先驚後悔因此盜賊之面容必具特別之驚苦狀態。表現而不自知也。

歐美各國法官警吏，以及刑事偵探。皆具相人之常識。蓋依據心理生理等科學。以證世故人情融會而觀察之，確有事實可驗。藉以補證據搜查之不足。日本司法界。及警察界。參酌中國相法。兼用骨相實施於罪犯。以決疑獄。據相詰案。如見肺腑近世人智愈開，盜賊之程度亦愈高其掩罪文過之技。逐日益進步。故相術之應用，幾爲法官警吏偵探必具之科學。雖無刑相專籍可修。而法家散著中所論人相亦多。爰集關於刑事實用之相法。別爲五官而紋及喜怒哀樂之原因狀態。分類論述如左。

第一章　論盜賊之五官辨別

人性本善。其所以不肖者。由於教育不善。交友不良，及受生活界困迫之影響。有以致之。人相本善。其所以凶惡者。以亦嗜好深染。貪慾放心。及習居下流。因以變之而嗜好食慾。與夫下流交際。皆屬外界之現象。其所以深映於惡人之腦筋中者。無非自視聽臭味之四覺器。漸漸感入。習焉久之。自然變相。而變相之原因。亦不外乎喜怒哀樂之發於中而形於外。故肌肉之傳動漲縮。血氣之騰升騰降。皆爲神經之原動力。據歐洲骨相家所論人相變異之順序。先頭骨。次筋肉。次皮膚。自內而外。悉由神經關係。故不特眼耳鼻口時有變化不同。即眉毛頭髮之濃淡長短。與面紋之位置隱顯。亦皆以血氣漲落。肌膚伸縮而致異其形狀。相家研究經驗之結果。藉觀容貌以別善惡邪正。實有深理存也。茲將盜賊之五官區別。分論如左。

（一）眼之辨別

眼爲外來界與精神界之連絡機關。如外界之景像。報告於精神。及精神界之意想。實注於外界。皆非依賴目光不可。故色慾過度者。有色盲眼。機敏察人者。有搜查眼。在閱歷之深淺及富有經驗之盜賊官皆具搜查眼彼以瞬瞬時時注意人之行爲觀察人之舉動也心高氣傲者。有斜視眼。

眼睛同時斜左或斜右而定視深沉多疑者。有凝視眼。與人交際或談話時目睛常向前凝定而視眼皮不稍動有所思慮思想高尚者。有上視眼多用思想者於對人交際談話時常引目睛向上視間或求思慮欲語應對合理大抵學者律師及新聞記者裁判官有上視眼居多惟三角眼。及偸視眼。斜眼。限於盜賊。及凶暴不品行者。有之。三角眼者。上眼皮之肌肉吊起。呈三角形。是爲精神多生惡念。且時防他人窺破。率動眼皮。日久漸影響於眼簾之肌肉。而與眉間皺紋之形狀。有連帶關係。故盜犯常多具三角眼也。偸視眼者。其目睛周轉流動。是爲存心不良。氣逡膽怯之明證。惟恐己之惡行表露。有所戒懼。利用目睛周圍搜索。乘隙以施其惡。故偸竊之賊人。常多具偸視眼也。我國俗稱賊眼此外又有小眼凹眼兩種。或因遺傳。或因生成。非由精神關係而變化。於刑事上研究之。則定小眼有狡詐能言。凹眼則深心胃險。我國閩粵人士富有深心胃險之特性故多凹眼此實明證也惟不僅於盜賊有之。而罪人之盲一目者。性必狡暴。於雙亮一盲之人。尤好毆鬥凶惡。此亦刑法家經驗之語。孟子所謂眸子不能掩其惡。信哉是言也。

（二） 耳之辨別

常人之耳約可分爲三種。一爲多肉楕圓耳。上流富貴者有之。二爲露骨後貼耳。中流商學軍警各界之人有之。三爲傾斜小圓耳。流下勞働界之人有之。而盜賊之耳。有尖形及蝙蝠二種。尖形耳者。耳上少肌肉。或上尖下圓。或上圓下尖。或上下均尖是也。蝙蝠耳者。形如蝙蝠。向前覆出。蓋薄而少肉者也。凡具尖形耳之人。性必乖戾。刻薄寡情。專圖利己。不知愛他也。凡具蝙蝠耳之人。情必貪慾。多嗜好。浪遊揮霍。財窮斯濫。忘却廉恥也。

(三)　眉之辨別

眉居五官之上。最足以表現人之善惡邪正。眉之粗紅濃淡。及形狀部位。皆與人之性情行爲。有密切關係。大抵强盜之眉。多散濃曲竪。竊賊之眉。多斷淡倒掛。曲竪眉者。眉梢上竪。粗而亂。曲而不直。其人之性必兇暴殘忍。凡犯殺人、放火、强姦、恐嚇、毆鬥、刼奪等罪者。有之。倒掛眉者。眉梢下垂。無論粗細濃淡。其人之性必陰險狡詐。犯偷竊、僞造、誘拐、局騙、横領、竊賊、等罪者。有之。而雙眉接近。寬不過大英分者。必亂神智。每事失敗。終身陷於悲愁之境也。又人之驕傲剛愎者。往往於談論時。常有雙肩上揚。即爲自顯其能表示決心之証據。而眉角時時跳動者。其人必多歷困境。腦筋過於複雜應用。遂致猶預寡斷。承諾之事。常有退思中變反覆不定之弊也。

(四) 鼻之辨別

鼻居面部之中。東方相家據五行位置。定爲屬土。主人心術善惡。命運窮通。就其形狀而判斷也。凡上流高貴之人。其鼻樑必高正。常好虛榮。多具傲性。中流以下。勞働謀生之人。鼻樑低凹者居多。性柔順而慣服從。此男女一理也。惟心術奸詐多疑者。鼻高露骨。或鼻尖凸出如鷹嘴。最險惡之陰謀家。不但露骨鷹嘴。且傾斜不正。於刑事上。對於犯詐欺、僞造、謀害、指使、行賄、受賄、等罪者。常見有此傾斜不正之鼻也。

(五) 口之辨別

凡口大兩角特別厚闊。口角左右有上斜之凹紋者。稱爲虎口。兇惡之盜犯。常有之。若口小而尖。上唇有骨隆起者。則名鼠口。狡猾之竊賊常有之。虎口往往生於肥大之面格。尤多於四方。長方等形之面。鼠口多生於三角形菱角形之面。此皆歐美刑事家。所經驗可據者也。而中國相術。論口謂寬厚端正。齒齊不亂。主忠實無虛語。狗牙烏喙。龍唇鳳口。主狡猾多險詐。甚爲經驗可信之談。刑事上亦當採用也。

以上所判五官相法。皆根據學理。實地經驗。以定論斷。然於應用時。又當注意其他局部形相之連帶關係。不能以一官之惡相。拘執一定觀念。必須同時審察面格之配合與否。他官形狀之如何。以及面紋之部位隱顯。發言舉動之狀態。方足以判辨邪正於理想之中。但西方相家以目爲主相。耳、眉、鼻、口、爲輔相。因萬千人事。最初之理想造成。必經視官出入腦筋。遂致感發思慮。營諸實事。腦爲主帥。眼爲參謀。視參謀之良否。以定軍事計劃之成敗。觀眼部之形態。以知其人之善

還有一理也。茲將關於刑事上八相判斷之要領。合觀主相輔相。默察行為。列表如左。

(一)主相輔相皆惡者	必有凶邪行為
(二)輔相含惡主相端正者	假定關係凶邪
(三)主相惡輔相一種端正者	假定關係凶邪
(四)主相惡輔相二種端正者	行為不正
(五)主相惡輔相三種端正者	假定行為不正
(六)主相惡輔相全端正者	品性不良

右表所列六項。凡警吏法官以及警察偵探。對於初見罪犯時。即當以敏捷之思想。注意觀察。實為第一步必要之手續也。

第二章　論面紋之分類與人性善惡及情慾之關係

人面之肌肉。本細膩圓滑。皮上初無皺紋。觀兒童之顏容光潤。足以證之。其所以有皺紋者，由於思想動容。漸使筋肉波折。凡多愁多憂。以及居心險詐。行爲凶惡之人。必於面上之局部。時有牽動。壓迫細胞。習久自然成紋，刑事上對於面紋之研究。當注意其局部形狀。與夫顯紋之原因。思想之習慣。方可判其品性行爲也。

茲將面上各局部之皺紋及善惡情慾之關係分述如左。

（六）額上之皺紋

凡多勞心力。及多歷困境者。必上揚其額皮。有所思慮。習久而額上必現縐紋。惟常人之額紋。直而不曲。連而不斷。弓灣向上。中成圓形。名曰公僕額紋。有此紋者。必耐勞苦。善爲社會一切事。目不上揚。則隱而不顯。（惟老年人常見額紋）獨於老練之盜賊。及累犯者。額上亦有額紋。與常人不同。灣曲波折。複雜深細。即不動聲色。亦表現清楚。甚至眉間皺紋。貫透額紋。足爲多動惡念。多經惡事之確證也。

（七）眉間之縐紋

常人於憂患思慮時。必豎緊其眉。呈現屈曲之皺紋。無論智愚賢不肖。凡多慮目境。深於世故者。莫不有之。惟凶惡險詐之人。其眉間之皺紋。必曲折深長。雖不動聲色。亦表現清楚。形如山川水火等字。而其眉角特別高聳。於盜竊累犯之多歷艱困者。尤多此相也。

（八）眼簾及眼稍之皺紋

眼簾（即上眼皮）及眼稍之皺紋。常人有之者多。眼簾之紋。名思考紋。因眼皮慣於上揚求思。遂顯皺紋也。眼稍之紋名色情紋。發生於喜笑之性情。不僅關係於男女之色慾。且於對人交際之情意厚薄。亦以色情紋之有無而定。（凡深色情紋者其人難於交際）故紋多之人。必重情而愛女色。虛榮之心亦最甚也。惟色慾過度。行爲奸詐者則其眼稍之色情紋。必交义雜亂。中有一二特長特深之紋。於刑事上。凡犯强姦。重婚。及色情命案者。必見此紋也。

（九）面額上之皺紋

常人於嬉笑時面額上或現皺紋此亦情紋之一種。必連於眼下。延長至於面額。

惟凶惡之盜賊及老練之累犯。其面額上必有一二深長無根之橫紋。且面顴肌肉如靨。雖笑亦定而不動。凡於四方形長方形三角形之面。其兩顴有鈎形之紋者。大惡相也。

（十）鼻上之皺紋

凡長口才。有機變者。於嬉笑時。鼻上往往有細長皺紋。惟狡猾多疑之盜賊。其於言笑及悲怒時。亦有花形之鼻紋。深長而粗。甚有自眉間通至鼻端鼻凹者。於刑事上。犯陰謀妬害强姦恐喝等罪。常見多紋鼻也

（十一）鼻凹之皺紋

鼻旁左右低凹少肌肉。常人於嬉笑顏開時。表現最消。惟陰險多疑。及生活愁苦者。雖不笑不語。亦顯凹紋。凡心愈險。疑愈重。受苦愈深者。其鼻旁左右之凹紋亦愈深長。甚有長過口角。每發言。鼻端歪斜。面頰之肌肉隆起。凹紋遂顯露欲隱而不能自主。又有鴉片烟癮之人。亦有同樣之深紋。觀其面容之色澤。即可區別也

（十二）口角之皺紋

常人於口角左右低處。有凹而無紋者居。多見於閉口及咽食之時。而凶惡之大盜。常有深長之皺紋一條。或兩條。於其口角外之左右。尤於四方長方三角等形之面格為多。而紈絝浮浪之子弟。及不良少年。亦或有之。

右列七種面紋。於刑事裁判有重要關係。當參照五官相術。同時覺察以會通之。於嫌疑犯之拘捕審問。大有利用也。

第三章　論喜怒哀樂之原因及狀態辨別

據美國心理學家。司吞來華見氏之學說。犯罪之原因。雖有種種不同。大別則為經濟的關係。與性情的關係。而貧困之原因。實由性情之放蕩及驕奢所召。質言之。性情不良者。犯罪之媒介也。故於刑事上。當先察人性情於喜怒哀樂之時。凡心有所得而喜。有所激而怒。有所悔而哀。有所冀而樂。設於非義之所得。非理之所激。非法之所悔。非情之所冀。其顏容必變常態。桀黠之徒。雖勉自鎮定其精神。

坦然其形色。而虛僞之狀態。亦有特別之表現。終不能變其眞相。茲將關於喜怒哀樂之狀態區別。研究心理如左。

（十三）　喜之研究

喜生於情。喜情之起始。係外來界之形色聲臭。及一切感觸。由視聽臭味之四覺器。傳入腦府。神經發生作用。使心臟血液鼓動。急上頭面。同時肺量澎漲。遂致聲笑。凡積慮過甚。神經衰弱者。雖有可喜之事。亦必以感觸不靈。或被雜念打消。故無笑容表現。然身處順境。胸懷舒展者。喜情恆勝常情。如富紳貴士。於交際閒談。慣多狂笑。是爲無憂無慮之明証。而於小兒亦然。以其除飲食遊戲之外。腦中無生活之計慮。悲苦之思想故也。夫小兒腦筋清而感覺靈。血液之循環順而不滯。此其所以有天眞活潑。嬉笑顏開之狀態。也據心理學以研究喜之由來。乃知凡腦中多愁、多慮、多憤、多疑者。皆足以拒敵喜情之感覺。於性情則必剛愎矯傲。於行事則必凶惡奸險。習久乃成麻木不仁。無情無義。常多怒顏。而少笑容。雖有時

強笑。其聲短促不過面上一局部之肌肉微微振動於刑事上最有研究之價值

例如左。

(一)多愁多慮者。雖遇逢極愉快之事。出聲大笑亦甚少。偶於交際對話時。爲不得已之笑者。聲沉而氣不壯也。

(二)多憤者。其於默籌對付他人之計劃心有所得自鳴得意時。亦有出聲笑。其音出自鼻中。鼻上必見皺紋。面顴肌肉不能全部開動。笑中隱有憤氣也。

(三)多疑者。遇其嫉妬厭惡之事。常短聲冷笑音出鼻孔。作哼喝等聲。此僞笑而非眞笑。不但面上肌肉無活潑之開動。且必同時顯出其鼻旁左右之深凹紋。凡疑慮重者。凹紋亦愈深長。出于冷笑發言時。歪斜其鼻端及人中。並牽動上唇皮。最險之人。有此現象。所謂談笑之中。藏有戈矛也。

(四)凡性情剛愎驕傲者。笑聲或長或短。大盛其氣。常搖其首。揚其眉。張其目。笑語間雜並出。竟有不容他人發言。爲一己之議論者。

（五）凡極凶惡之人。必無惻隱不忍之心。雖在狂笑。亦能立即變喜爲怒。其笑哼。面上一局部之肌肉。微有跳動。兩目炯炯四射。一望而知其僞笑也。

（六）凡極奸詐者。防人之心最重。其涵養忍耐功夫。亦較常人爲勝。故每笑僅微動其容。鮮有出聲。若奸詐之人。有出聲笑。則必毒計已定。常多哈哈喝喝等音。所以表自得非受感而眞笑也。

（十四）　怒之研研

腦筋感受外界不平之事。而生刺激作用。遂血管澎漲。面紅耳赤。表現怒容。此亦人之常情。於血氣方剛之少年。爲最多。據學者之研究。怒有遺傳習慣偶發之三性區別。遺傳性者。因父母之性暴烈。凡盛氣憤怒中受胎所生之子女。常有暴烈性也。習慣性者。於幼年時多受不平之感觸。或以復讎未達目的。而憤懣塡膺。或以虛榮心大。而傲氣凌人。積久乃成習慣。幾於人世事。無一非逢彼之怒者也。偶發性者。偶然遇不平之感觸。出於意外而發怒也。三者之中。以偶發性刺激最烈。

而發覺最多。茲將關於刑事上研究憤怒之原因。約有三種如左。

(一)因妨害快樂感情而生者。

(二)因悲哀及憂鬱而生者。

(三)因身心受激烈之痛苦而生者。

據右之原因。即知關於憤怒犯罪之眞相。故無論怒性出於遺傳習慣偶發。皆當注意分晰。並須詳訪其犯罪以前之行爲。比而證之。於女子更宜注意查究其犯罪時。是否在月經期內。因女子於月經來時。神經異常錯亂。最易突發憤怒而犯罪也。茲將關於刑事上。確定因怒所犯之重要案情。畧述如左。

(一)爭奪毆鬥　(二)報讎行凶　(三)強姦害命
(四)嫉妬謀殺　(五)結怨放火　(六)洩憤殺人
(七)酗酒滋事　(八)毀壞公物　(九)不平叛亂
(十)惡戲凌虐　(十一)畏罪恐嚇

以上各罪案中於偶發性之慣犯者居多。而偶發性之怒。往往以酒爲媒介。因酒能助血氣興奮。易致神思昏亂也。又常人於無端受欺、受辱、受痛、受懲者。亦足以勃然生怒。絕之偶發性之怒。其所逢之禍。尤較遺傳習慣之怒爲大。常有平時極溫和之人。偶因一念而觸一惡之念。突然激烈行爲。以成巨禍者。以其腦筋中未慣受刺激。如導火線之裝置於地雷。一經燃著。立時爆發也。

（十五）　哀之研究

凡人經憂患貧苦、病疾、慘痛而遂生哀念。哀者窮而反本之理。其哀於內者。必形於外。語云鳥之將死。其鳴也哀。人之將死。其言也善。足以證哀念之發生。必於血氣衰減。窮無可告之時。解剖哀者之心理。有遺傳、習慣、偶發之三性。遺傳之哀。其父母於憂愁悲苦時所受之胎。或於胎內時、感受其母之憂思愁念。誕生後。即有遺傳之哀苦性。往往腦筋衰弱。多有夭折不壽也。習慣之哀。自幼稚時。多處逆境。恒憂鬱無聊。習久成性。其結果甚至瘋狂自殺。凡習慣之哀者。必漸減其造取思想事多失敗。終身陷於悲境也。偶發之哀。由於臨時受外界直接間接之感觸。被動的發生哀念。蓋因所感痛苦之强弱。以定其哀程之深淺也。夫人莫不有哀。上流高貴之人。哀每生於偶發。如喪祭、疾病、及行事失敗被人侮辱。與遭打擊苦痛等事。悲哀之心。油然而生。在中流以下。或以謀生之艱困。或以行事之失敗。或以內心之恐怖。或以親友之災疾。或以己身之痛苦。鬱鬱以成習慣。遂使灰其心志也。至於遺傳之哀。罹者較爲少數。苟能轉處順境。亦可潛移默化。今於刑事上研究哀情與犯罪之關係。當特別注意於習慣之哀。尤以發生於內心恐怖者爲多。蓋以盜賊犯罪。本忘其天良。不近人情。其所以不免恐怖者。實因血氣驟降於事後。遂生悔念。而自覺驚恐。其時面上必呈現凄慘態狀。故盜賊之被捕者。苟非狡悍累犯。大多哀愁乞憐。冀混朦裁判官之目。希望減輕其罪。於乞憐哀訴中。實其飾罪文過之作用。故爲裁判官者。當據學理的審察。以別其是非眞僞。茲將盜賊哀求乞憐時之心理。及面容狀態。條述如左。

(一)狡猾之盜賊。雖於極哀苦之申訴時。其面上之肌肉。必振動。微露似笑非笑之容態。蓋以僞哀不能掩其虧心事之證據也。

(二)凶惡之盜賊。雖坦然不露諂諛之狀。裁判官苟能根據事實。訊問至關鍵處。自然呈現恐怖狀。且能變其聲貌。有時僞作驚恐哀苦狀以冀晦其眞罪。

(三)殺人放火之盜賊。雖嘵嘵哀訴時。其哀中仍露凶憤之氣。且面部或紅或青。身體常站立不定。

(四)凡陰謀指使者。雖面部有愁苦憂慘之氣色。而發言極清。神思鎭定不亂。惟訊問時久。步步逼近。自能露詐氣急。表現其哀苦眞相也。

(五)凡被動附和者。面容必十分愁苦。精神必特別疲倦。垂頭喪氣。體戰汗流。常有臨時情急病迷不能宛轉達意。自訴受屈者。

以上五項。係據刑事家經驗之心得。仍須並觀其五官面紋。及案情。以論理的審察。方可決疑也。

（十六）樂之研究

人事萬千。無非欲求安樂。安樂之情勝。則貪慾之心生。而罪法行為。亦不能自禁矣。夫人孰不好樂。樂有精神形體之分。名價權勢。精神之樂也。食色衣居。形體之樂也。研究求樂之程序。必先形體而後精神。欲達形體愉快之目的。於是急謀財富。徒有謀富之慾。而無謀富之術。則貪心起。而廉恥喪。遂致違法犯罪。小人行險以僥倖。明知而故犯。皆因於求樂。而寄於貪慾也。茲將刑事上。由於求樂貪慾而犯之罪名。列舉如左。

（一）行賄罪　（二）受賄罪　（三）私鑄罪　（四）橫領罪

（五）强盜罪　（六）偷竊罪　（七）陰謀罪　（八）强姦罪

（九）脅迫罪　（十）賭博罪　（十一）詐取罪　（十二）誘拐罪

（十三）殺人罪　（十四）放火罪　（十五）毀壞罪

右之罪案。大抵發生於利己求樂居多。故警察。及檢察官。對於此等案情。當注意調查犯罪者從前之行爲交際及生活程度。更於同時細觀其容貌。茲將關於貪慾者之容貌舉動。述要如左。

(一)上眼皮特別腫厚者。（奢慾）

(二)面少血色。兩眼深凹及眼皮四圍有黑圈者。（色慾）

(三)目光矇矓如睡眠方醒。視物無精神者。（色慾）

(四)臉鼻似浮腫。帶赤色者。（酒慾）

(五)臉色淡黃。略帶烏光。發言時鼻旁左右現凹紋者。（鴉片慾）

(六)兩顴高聳露骨。而皮包緊者。（貪慾）

(七)對面望見頸旁腮骨者。（奢慾）

(八)眼珠深黃。眼下多紋者。（色慾）

(九)鼻低而孔大。對面見鼻孔者。（奢慾）

(十)先笑而後語。或語中多冷笑者。（邪慾）

(十一)發言聲低。目光流動少笑容者。（貪慾）

(十二)對面見耳向前襬出者。（奢慾）

(十三)不語時開口露齒者。（貪慾）

(十四)額禿而眼凹者。（貪慾）

(十五)粗眉、方眼、高顴、獅鼻、闊口者。（暴慾）

(十六)尖形面格。而眼小者。（奢慾）

以上十六種慾相。皆以生理關係及心理作用。影響於容貌。其希望之目的無非貪求一己之愉快。警吏裁判官。當據刑事案情。注意研究。足以補助證據之缺點。俾可洞明犯罪者之心理也。

◎結論

上論五官面紋。及喜怒哀樂之研究。不僅審檢法官。及警吏偵探。所當研究會通。即法醫學生。亦應於修學期內。參考實驗。養成相人知識。果能經驗純熟。養於屬悟應用。然後聽其言。察其動。考其據。驗其服。雖遇疑案奇獄。亦有綫索可尋。不難迎刃而解。文明國法治之精神。在於法官警吏之能力完善。務使犯罪者難逃法網。而能力之進步。實與人智發達。並駕齊驅。在昔酋長專制時代。强凌弱。衆暴寡。武斷決獄。草菅人命。固無所法守也。其後人事日繁。人智日開。法定裁判制度。案依證據。爲生命財産之保障。迨至近世。科學昌明。犯者之程度增高。罪案之原因亦愈複雜。於是窮思異想。爲避罪滅證之計。而法官警探之責任益重。因此天演之趨勢。關於刑事之搜查審訊等技。亦自然進步。如論理、生理、心理、以及法醫催眠、指紋、人相等術。皆爲決獄之利器。研究實驗。精進無窮。雖遇疑案。有恃不懼。實爲二十世紀之法官警探必要之智識也。

本書專論人相與犯罪之關係。採譯日本羽太鋭治。澤田順次郎。所著犯罪之研究。及人心操縱術等書。並據參觀日本巢鴨橫濱監獄。實驗犯人容貌之筆記心得。萃成此篇。我國當此風雨飄搖之時。道德淪胥。人心狡詐。欲謀根本補救之策。

拾培養法治精神充實法治能力外。實無他道。而危亡之免。頹風之移。安寧之保。秩序之平。惟冀將來法治之進步而已。附表列下。

(一)相人面全部吉凶一覽表

▲眉

形狀	主斷相
疏秀高闊直長	主聰明
眉長過眼	主富貴
眉低壓眼	主困迫
卓然直竪	主性豪
眉頭相交	主礙兄弟
眉骨稜起	主凶惡
眉有彩層	主賢貴
濃如潑墨	主無祿
兩角不齊	主有異母兄弟

▲眉

形狀	主斷相
粗濃逆亂短蹙	主凶頑
短不覆目	主貧窮
雙眉吊起	主氣剛
眉尾下垂	主懦滯
雙眉逆生	主不良
眉高在額	主大貴
雙眉交鎖	主不壽
細緊輕長	主多兄弟
高長入鬢	主大貴

雙眉粗斷	主孤尅
眉長過目	主兄弟和睦
短粗直豎	主不善
粗硬如針	主凶暴
濃細清長	主多技早富貴

▲目

形狀	相斷
清淨光明	主福壽
白占瞳人	主破財
黑白混雜	主尅子
形如蜂猥	主惡死
長如鳳鶴	主顯貴
睛赤珠露	主惡死

眉濃髮厚	主多難
交連黃散	主離走他鄉
散亂如無	主凶厄
眉壓印堂	主憂慮
層彩起伏	主聰明機巧

▲目

形狀	相斷
昏暗流露	主貧夭
紅纏黑光	主刑妻
黑白多神	主大貴
清露暗浮	主受刑
小如蛇鼠	主奸盜
目如曉星	主得名

目大昏沉　主夭死溺路
目靜自明　主慈祥
目色通黃　主慈憫忠良
目如臥弓　主作事奸雄
目睛含潤　主貴善
蛇眼雞睛　主奸詐忤逆
目縱帶花　主多作少成
目尾插天　主掌刑名
目廣方長　主大振聲名
眼露四白　主刑險遭兵
鼠目偷視　主貪淫作賊
火氣侵眸　主官事甚重

目烈有威　主服衆
大眼昏沉　主錢財耗散
雙眸點漆　主聰慧文章
目若三角　主性情貪惡
龍睛鳳目　主忠孝全名
浮光太露　主死於非命
目光如電　主極貴
短小昏偏　主無智愚笨
目泛浮睛　主貧窮夭壽
鷹目高視　主心奸惡毒
鷄眼鴿睛　主遠走他鄉

▲耳相

形狀	主斷
厚大垂肩	主大貴
貼肉垂珠	主享大祿
兩耳小窄	主愚頑無智
耳門寬大	主長壽
耳堅而圓	主多祿壽
耳黑枯焦	主離祖破家
耳有成骨	主長壽命
尖如猿心	主好殺人
耳小如鼠	主貧困夭壽

▲鼻相

▲耳相

形狀	主斷
耳白過面	主得大名
色如瑩玉	主少年大貴
耳門薄小	主夭壽少食
色白如玉	主聰明
輪廓桃紅	主性情玲瓏
輪飛廓反	主敗家失業
耳中生毫	主老年長壽
下尖無色	主性非良善
黑暗枯焦	主速亡早死

▲鼻相

形狀	主斷
長高端正	主財帛有積
準頭尖曲	主爲人奸惡
準頭掀露	主老年孤單
梁柱不全	主夭壽
鼻樑正直	主爲人忠良
準頭堅肉	主興家立業
鼻如縮囊	主到老吉昌
鼻相廣長	主多技倆
鼻頭破缺	主破財孤獨
鼻樑接眉	主早年發達
準頭黃紅	主生財祿

形狀	主斷
鼻孔厚藏	主多積聚
山根低陷	主敗祖業
伏犀貫頂	主大貴
四倉豐滿	主中年起家
齊如雙筒	主祿壽咸通
鼻如獅子	主性質靈敏
鼻樑貫印	主貴得美妻
短促尖小	主無志且貪
三星聚會	主有財祿
孤峰獨聳	主六親無靠
黑如煤炭	主敗家喪亡

▲口相

形狀	主斷
口如四字	主錢財富足
口如牛唇	主賢良豪俊
狗牙鳥喙	主奸險多詐
口低角垂	主被人嫌忌
縱紋入口	主貧困餓命
口如馬嘴	主饑餓餓死
口如縮囊	主孤獨缺食
龍唇鳳口	主狡猾險詐
口中黑子	主食啖皆美
口寬舌薄	主心好歌樂

▲口相

形狀	主斷
唇若塗硃	主文章俊才
口不見唇	主威鎮三軍
嘴彎齙唇	主多非多謗
口如吹火	主無根孤獨
口如鼠食	主讒毀嫉妬
口闊容拳	主大貴
唇若噀血	主殷富餘資
形如劍鐔	主多情多義
口寬舌大	主富足田糧
唇紅鬚白	主老復家亨

鬚髭枯少	主夭亡不壽	掀唇露齒	主壽命不永
寬厚端正	主不妄言	齒齊不亂	主無虛語
唇黑斜垂	主貧窮孤獨	方闊深藏	主有德好善

（按）右表所列五官各相。為我國古人經驗判定。確有根據。相家藉以斷人事之吉凶禍福。每多奇驗。日本法警署。近亦採用中國相術以察犯者之容貌。足證特具眞理。於刑事上有研究之必要。惟我國相書。類多散漫可專攻。而不適於參考。爰據水鏡集麻衣相等書。區分五官。形狀及主斷。編列一表。以備法界警界之查證。苟能記憶會通。利用預言休咎之精思。移作刑法實用。庶不負古人經驗發明之苦心。藉以揚我國粹。益我社會也。

●流年氣運部位表

▲耳　運

相人新法　流年氣運部位表

部位	專名	交運歲數
左耳上邊	天輪	一歲至二歲
左耳中凹	天城	三歲至四歲
左耳厚肉	天廓	五歲至七歲
右耳上邊	天輪	八歲至九歲
右耳中凹	人輪	十歲至十二歲
右耳厚肉	地輪	十三歲至十四歲

二　額　運

部位	專名	交運歲運
額中左部	天中	十五歲又八十七歲
額中右部	天中	十六歲又八十九歲
左額前角上	日角	十七歲又九十一歲

左額角上　日角　十八歲又八十歲
額中一　天庭　十九歲
左額眉中上　輔角　二十歲
右額眉中上　輔角　二十一歲
額中二　司空　二十二歲
左額眉中上　邊城　二十三歲又九十一歲
左額眉中上　邊城　二十四歲又六十七歲
額中三　正中　二十五歲
左額眉稍上　丘陵　二十六歲
右額眉稍上　塚墓　二十七歲
額下兩眉中　印堂　二十八歲
左額眉左上　山林　二十九歲

右額眉右上	山林	三十歲
左額眉角下	凌雲	三十一歲
左額眉角下	紫氣	三十二歲

▲眉運

部位	專名	交運歲数
左眉	繁霞	三十三歲
右眉	彩霞	三十四歲

▲眼運

部位	專名	交運歲数
左眼右角	太陽	三十五歲
左眼中部	中陽	三十七歲
左眼稍	少陽	三十九歲

▲眼運

部位	專名	交運歲數
右眼左角	太陰	三十六歲
右眼中部	中陰	三十八歲
右眼稍	少陰	四十歲

▲鼻運部

部位	專名	交運歲數
鼻樑上	山根	四十一歲
鼻右旁	光殿	四十三歲
鼻樑中	壽上	四十五歲
鼻左孔	閑臺	四十九歲

▲面部

部位	專名	交運歲數
左面顴	顴骨	四十七歲
左面頰	虎耳	五十八歲
左耳旁	耳旁	九十四歲至九十五歲
左耳肉旁	腮上	九十六歲至九十七歲

▲鼻運部

部位	專名	交運歲數
鼻左旁	精舍	四十二歲
鼻樑中	年上	四十四歲
鼻端	準頭	四十六歲
鼻右孔	廷尉	五十歲

▲面部

部位	專名	交運歲數
右面顴	顴骨	四十八歲
右面頰	虎耳	五十九歲
右耳旁	耳旁	八十二歲至八十三歲
右耳肉旁	腮上	八十八歲

部位	專名	交運歲數
左腮上部	歸束	六十八歲
右腮上部	歸來	六十九歲

▲人中運

部位	專名	交運歲數
人中	人中	五十一歲
人中左一	仙庫	五十二歲
人中右一	仙庫	五十三歲
人中左二	食倉	五十四歲
人中右二	祿倉	五十五歲
人中左三	法令	五十六歲
人中右三	法令	五十七歲

▲口運

部位	專名	交運歲數
口中全部	全口	六十歲

▲地運

部位	專名	交運歲數

▲頦運

部位	專名	交運歲數

口下靨中	承漿	六十一歲
上頦右右	鵝鴨	六十五歲
上頦右中	金縷	六十七歲
旁頦右	腮	七十五歲
下頦中右	地閣	七十一歲
下頦尖右	地閣	七十七歲
下頦右中	地庫	六十三歲
下頦右右	奴僕	七十三歲
下頦左邊	無名	七十歲又八十九歲
上頦左左	陂池	六十四歲
上頦左中	金縷	六十六歲
旁頦左	腮	七十四歲
下頦中左	地閣	七十歲
下頦尖左	地閣	七十六歲
下頦左中	地庫	六十二歲
下頦左左	奴僕	七十二歲
下頦左邊	無名	九十歲又九十九歲

（按）我國相術。義理精微。文意複雜。定有專名。非潛心研究。殊難悟見眞理。相書所載流年運氣部位。根據實驗。確可證信。凡形相破壞氣色變異之部位。適當其交運之年。必見凶厄其吉喜者可待福祥。而相書中所論

之面圖。註字不清。參涉不便。實爲缺點。茲特區分部位。專名。及交運歲數。編列一覽表。以備法醫界隨時查證。並須與前表對照。以驗其凶善禍福籍以知犯罪之過去現在。而出獄後命運之窮通。刑案之再犯。亦可以此證察也。

占筮類			
1	擲地金聲搜精秘訣	心一堂編	沈氏研易樓藏稀見易占秘鈔本
2	卜易拆字秘傳百日通	心一堂編	
3	易占陽宅六十四卦秘斷	心一堂編	火珠林占陽宅風水秘鈔本
星命類			
4	斗數宣微	【民國】王裁珊	民初最重要斗數著述之一；未刪改本
5	斗數觀測錄	【民國】王裁珊	失傳民初斗數重要著作
6	《地星會源》《斗數綱要》合刊	心一堂編	失傳的第三種飛星斗數
7	《斗數秘鈔》《紫微斗數之捷徑》合刊	心一堂編	珍稀「紫微斗數」舊鈔秘本
8	斗數演例	心一堂編	
9	紫微斗數全書（清初刻原本）	題【宋】陳希夷	斗數全書本來面目；有別於錯誤極多的坊本
10-12	鐵板神數（清刻足本）——附秘鈔密碼表	題【宋】邵雍	無錯漏原版秘鈔密碼表　首次公開！
13-15	蠢子數纏度	題【宋】邵雍	蠢子數連密碼表　打破數百年秘傳　首次公開！
16-19	皇極數	題【宋】邵雍	清鈔孤本附起例及完整密碼表　研究神數必讀！
20-21	邵夫子先天神數	題【宋】邵雍	附手鈔密碼表　研究神數必讀！
22	八刻分經定數（密碼表）	題【宋】邵雍	皇極數另一版本；附手鈔密碼表
23	新命理探原	【民國】袁樹珊	子平命理必讀教科書！
24-25	袁氏命譜	【民國】袁樹珊	
26	韋氏命學講義	【民國】韋千里	民初二大命理家南袁北韋
27	千里命稿	【民國】韋千里	
28	精選命理約言	【民國】韋千里	北韋之命理經典
29	滴天髓闡微——附李雨田命理初學捷徑	【民國】袁樹珊、李雨田	命理經典未刪改足本
30	段氏白話命學綱要	【民國】段方	民初命理經典最淺白易懂
31	命理用神精華	【民國】王心田	學命理者之寶鏡

62	地理辨正補註　附　元空秘旨　天元五歌　玄空精髓　心法秘訣等數種合刊	【民國】胡仲言	貫通易理、巒頭、三元、三合、天星、中醫
63	地理辨正自解	【清】李思白	公開玄空家「分率尺、工部尺、量天尺」之秘
64	許氏地理辨正釋義	【民國】許錦灝	民國易學名家黃元炳力薦
65	地理辨正天玉經內傳要訣圖解	【清】程懷榮	秘訣一語道破，圖文并茂
66	謝氏地理書	【民國】謝復	玄空體用兼備、深入淺出
67	論山水元運易理斷驗、三元氣運說附紫白訣等五種合刊	【宋】吳景鸞等	失傳古本《玄空秘旨》《紫白訣》
68	星卦奧義圖訣	【清】施安仁	三元玄空門內秘笈　清鈔孤本 過去均為必須守秘不能公開秘密 與今天流行飛星法不同
69	三元地學秘傳	【清】何文源	
70	三元玄空挨星四十八局圖說	心一堂編	
71	三元挨星秘訣仙傳	心一堂編	
72	三元地理正傳	心一堂編	
73	三元天心正運	心一堂編	
74	元空紫白陽宅秘旨	心一堂編	
75	玄空挨星秘圖　附　堪輿指迷	心一堂編	
76	姚氏地理辨正圖說　附　地理九星并挨星真訣全圖　秘傳河圖精義等數種合刊	【清】姚文田等	蓮池心法　玄空六法 門內秘鈔本首次公開
77	元空法鑑批點本——附　法鑑口授訣要、秘傳玄空三鑑奧義匯鈔　合刊	【清】曾懷玉等	
78	元空法鑑心法	【清】曾懷玉等	
79	曾懷玉增批蔣徒傳天玉經補註【新修訂版原（彩）色本】	【清】項木林、曾懷玉	揭開連城派風水之秘
80	地理學新義	【民國】俞仁宇撰	
81	地理辨正揭隱（足本）　附連城派秘鈔口訣	【民國】王邈達	
82	趙連城傳地理秘訣附雪庵和尚字字金	【明】趙連城	
83	趙連城秘傳楊公地理真訣	【明】趙連城	
84	地理法門全書	仗溪子、芝罘子	巒頭風水，內容簡核、深入淺出
85	地理方外別傳	【清】熙齋上人	巒頭形勢、「望氣」「鑑神」
86	地理輯要	【清】余鵬	集地理經典之精要
87	地理秘珍	【清】錫九氏	巒頭、三合天星，圖文並茂
88	《羅經舉要》附《附三合天機秘訣》	【清】賈長吉	清鈔孤本羅經、三合訣法圖解
89-90	嚴陵張九儀增釋地理琢玉斧巒	【清】張九儀	清初三合風水名家張九儀經典清刻原本！